Hongkong
lieben lernen

*Der perfekte Reiseführer für einen unvergessli-
chen Aufenthalt in Hongkong inkl. Insider-Tipps
und Packliste*

Jessica Tschirner

✈ INHALT

Das erwartet Sie in diesem Buch   1

Die Millionenstadt Hong Kong   4

Die Geschichte Hong Kongs   12

Alles rund um Hong Kongs Kultur   22

Sehenswürdigkeiten   31

Unterkünfte und Restaurants   48

Tipps für den perfekten Aufenthalt   57

Packliste   64

Das erwartet Sie in diesem Buch

In diesem Buch geht es darum, sich in Hong Kong zurechtzufinden und ein paar Tipps zu sammeln, um entweder ein bisschen Geld zu sparen oder großartige neue Orte zu entdecken. Ihnen werden also erst einmal grundlegende Fakten über Hong Kong mitgeteilt, um sich ein Bild von der Stadt zu machen. Ebenso bekommen Sie einen Einblick in Hong Kongs ganze Geschichte, damit Sie in Erfahrung bringen können, wie eine so große Metropole entstehen konnte und warum sie eine

Sonderverwaltungszone ist. Aber auch Hong Kongs Kultur wird hier nicht außen vorgelassen. Sie lernen typische Bräuche, die Sprache, die Musik oder auch die Kunst Hong Kongs/Chinas kennen.

Hier lernen Sie Dinge kennen, die Ihnen bei einem Besuch mit solchen guten Vorkenntnissen definitiv weiterhelfen werden. Anschließend kommt natürlich das Wichtigste: Die tollen Sehenswürdigkeiten und Attraktionen Hong Kongs. Hier werden Ihnen eine Vielzahl von Sehenswürdigkeiten und Attraktionen vorgestellt und zu jeder sogar Informationen, damit Sie sich ein bisschen orientieren können, wann und ob Sie sich überhaupt dazu entschließen, die Sehenswürdigkeit zu besuchen.

Nach dem Besuchen der Sehenswürdigkeiten muss man natürlich auch noch etwas essen und natürlich braucht man ein Hotel, in dem man gut und komfortabel übernachten kann. Hier werden Ihnen die 3 besten Restaurants und die 3 besten Hotels vorgestellt. So können Sie sich ein besseres Bild über die Hotels und Restaurants machen, damit Sie nicht ins falsche Hotel oder Restaurant gehen und dann enttäuscht werden. Abschließend werden Sie noch darüber informiert, wie Sie sich in der Stadt fortbewegen sollten, wie viel sie wieder nach Hause mitnehmen dürfen, falls Sie ein bisschen eingekauft haben, und wie Sie sich in Hong Kong verhalten sollten.

Die Millionenstadt Hong Kong

Hinter der Millionen-Metropole Hong Kong steckt mehr, als man auf den ersten Blick meinen mag. Etwa 7.500.000 Menschen leben auf unglaublichen 1106 Quadratkilometern. Eine Fläche, die tausende Sehenswürdigkeiten verbirgt und viele spannende und atemberaubende Attraktionen mit sich bringt. Hong Kong gehört zu einem der am dichtesten besiedelten Gebiete der Welt. Das gibt einem tatsächlich die Möglichkeit, eine komplett andere Kultur und viele neue Menschen kennenzulernen. In Hong Kong sollten Sie keine Probleme haben, sich mit fremden Menschen zu verständigen. Ungefähr 53,2 % der Bevölkerung sprechen englisch. Sollten Sie also einmal Schwierigkeiten haben, einen Ort zu finden oder sonstiges, scheuen Sie sich nicht davor, jemanden anzusprechen.

Fernab von riesigen Wolkenkratzern, endlosem Verkehr und lautem Lärm gibt es eine lange Küstenlinie und rund 235 Inseln, auf denen man sich zurückziehen könnte, wenn man seine Ruhe braucht. Jetzt fragt man sich natürlich: „Warum sollte ich genau nach Hong Kong reisen? Was reizt einen so sehr an Hong Kong?" Nun ich denke, dass viele schon von Hong Kongs unglaublicher Skyline gehört oder sie zumindest auf Bildern gesehen haben.

Sollten Sie sich dazu entscheiden, nach Hong Kong zu reisen, wird Ihnen der Blick auf diese Skyline den Atem rauben. Besonders nachts ist sie einmalig anzusehen und so etwas werden Sie nie wieder auf der Welt finden. Der Anblick auf unzählige Wolkenkratzer und den geheimnisvollen Nebel, der sich durch die Innenstadt schleicht, macht diesen Anblick zu einem einmaligen Erlebnis. Grund genug, um sich die Stadt anzusehen. Aber auch der Blick von der Straße in Richtung Himmel ist eine Pause wert. Man fühlt sich so, als würde man in einer Schlucht von Hochhäusern stehen. Das ist zum einen ein toller Ort, um attraktive Bilder zu schießen und zum anderen, um sich diese Höhe der Häuser einfach vor Augen führen zu lassen.

Wer aber eher auf andere Dinge steht und von einer Skyline unbeeindruckt ist, sollte dennoch nicht direkt ein anderes Urlaubsziel in Erwägung ziehen. Hong Kong bietet noch so viel mehr. Unter anderem gibt es an jeder Ecke Streetfood oder köstliche kantonesische Küche. Hier wird es für jeden Geschmack ein leckeres Gericht geben. Darunter beispielsweise Dim Sum oder leckere Nudelsuppen. Aber auch die unzähligen Märkte, die sich auf Hong Kongs Straßen befinden, sind schöne und vielfältige Orte. Von Gemüsemarkt bis Fischmarkt ist alles vorhanden. Egal ob Sie einen schönen saftigen Fisch suchen oder eine geschmackvolle Litschi - Sie werden auf den Märkten definitiv fündig. Selbst wer ein kleines Mitbringsel für ein Familienmitglied oder für Freunde sucht, kann sich auf der Temple Street Night Market ein kleines Geschenk aussuchen und kaufen. Auch wenn man es nicht glauben mag, in so einer riesigen Metropole wird sich auch für Naturbegeisterte definitiv etwas finden lassen. Außerhalb der Stadt befinden sich kilometerlange Wanderwege durch beruhigende Wälder, in denen man ganz tiefenentspannt hindurchspazieren und einfach mal die wunderschöne Natur Chinas begutachten kann.

Wem Wandern überhaupt nicht liegt und über alles hasst, für den gibt es natürlich auch eine Alternative, um sich diese wunderschöne Natur anzuschauen. Mit der Non Ping Seilbahn fährt man ganze 4 Kilometer lang auf den 34 Meter hohen Tian Tan Buddha, von dem man einen fantastischen Ausblick genießen kann. Aber auch während der 25-minütigen Fahrt nach oben hat man einen tollen Ausblick über die ganze Stadt inklusive der kilometerweit entfernten Berge. Wie man sieht, birgt Hong Kong etwas für jedermann - beispielsweise Streetart. Streetart wird in Hong Kong großgeschrieben. Man findet überall schöne Graffitis aller Art. Das Berühmteste von allen ist das Graffiti von Bruce Lee.

Was macht Hong Kong noch so besonders? Wie wir alle wissen ist Hong Kong eine der größten Städte der Welt. Obwohl Hong Kong eine Großstadt ist, ist sie doch überraschend ruhig. In den Straßen sieht man riesige Werbetafeln, bunte Lichter und viele andere Dinge. Diese Stadt strahlt eine Art Ruhe im Inneren aus, sodass sie keineswegs hektisch wirkt. Alle sind sehr gelassen und ruhig. Das macht diese Stadt einzigartig. Eine weitere Besonderheit, die wirklich faszinierend ist, ist die Tatsache, dass wirklich viele Häuser in der Stadt aus Bambusstab-Gerüsten gebaut sind. Das ist zwar sehr günstig, birgt aber auch ziemlich viele Risiken. Durch diesen Baustil spart sich die Stadt allerdings viel Geld im Gegensatz zu unserem Baustil in Europa.

Kommen wir nun zu dem Klima in Hong Kong. Das Klima ist ziemlich subtropisch und hat eine Durchschnittstemperatur von 22,5 Grad Celsius. April bis Oktober sind die wärmsten Monate im Jahr. Wer also eher auf ein wärmeres Wetter steht, sollte sich für einen dieser Monate entscheiden. Im Sommer besteht jedoch oft eine erhöhte Taifun-Gefahr. Wer es jedoch etwas kühler haben will, sollte sich dazu entscheiden, im Januar oder Februar seine Reise anzutreten.

Hong Kong erstreckt sich über eine sehr weite Fläche. Ein Großteil davon ist tatsächlich Wald und grüne Grasflächen und nur ein kleiner Teil bebaute Fläche. Zum Gebiet von Hong Kong gehören Lantau Island, Chek Lap Kok, Hong Kong, Hong Kong Island, Lamma Island und der Sai Kung East Country Park. Das sind die bekanntesten Flächen Hong Kongs.

Da die Metropole direkt am Südchinesischen Meer liegt, gibt es einen sehr berühmten Hafen namens „Victoria Harbour". Diesen Namen gaben ihm die Briten nach der Übernahme Hong Kongs. Die Tiefe des Hafenbeckens und die Breite der Wasserstraßen waren damals und auch heute noch ein sehr großer Vorteil, den man sich immer noch zu Nutzen macht. Der Hafen hat eine unglaubliche Größe - ganze 41,9 Quadratkilometer. Um sich das Ganze einmal vor Augen führen lassen zu können, kann man sich einfach 3800 Fußballfelder vorstellen.

Diese Anzahl an Fußballfeldern würde der Fläche des Hafens entsprechen. Genauso wie die Skyline Hong Kongs ist der Hafen hauptsächlich für sein nächtliches Panorama bekannt. Man hat einen schönen Blick auf Hong Kong Island und den Hafen. Außerdem sieht man den Victoria Peak im Hintergrund. In den letzten Jahren sind auf dem Hafen viele Fußgängerwege entstanden, da sich der Tourismus auch dort sehr verbreitet hat und Leute an diesem Ort gerne spazieren gehen. Wer jedoch die beste und schönste Sicht auf Victoria Harbour haben will, sollte auf den sogenannten Victoria Tower gehen oder auf die Kowloon Seite der Stadt und von der Promenade von Tsim Sha Tsui auf den Hafen blicken. Man kann aber auch eine Schifffahrt machen, von der aus der Hafen auch sehr gut sichtbar ist. Dazu sollte man sich an Bord eines der Star-Ferry-Schiffe begeben.

Es werden aber auch Veranstaltungen und Shows am Hafen angeboten. Die wohl attraktivste Veranstaltung ist das Feuerwerk zur zweiten Nacht des chinesischen Neujahres. Egal ob Tourist oder Einheimischer - jeder liebt solche Shows. Daher werden sie oft im lokalen Fernsehen übertragen. Man versuchte, diesen Hafen immer und immer populärer zu machen. Mittels einer bestimmten Show gelang dies sehr gut. Die "A Symphony of Lights" ist ein Zusammenspiel aus Audio-, Licht- und Pyrotechnik und findet seit 2004 jeden Abend ab 8 Uhr statt. Man kann sich auf großartige Laser- und Lichtshows freuen.

Kommen wir nun zu dem Ort, an dem Sie sehr wahrscheinlich als erstes sein werden, wenn Sie nach Hong Kong kommen. Nämlich dem Hong Kong International Airport (Flughafen Chek Lap Kok). Der Flughafen besitzt zwei Terminals und liegt 39 Kilometer westlich von der eigentlichen Stadt.

Jährlich kommen unfassbare 74.672.000 Menschen an diesen Flughafen, um entweder abzufliegen oder zu landen. Er ist der zweitgrößte Flughafen Chinas und das Drehkreuz für fünf Fluggesellschaften (Cathay Pacific, Cathay Dragon, Hong Kong Airlines, Hong Kong Express Airways und Air Hong Kong). Tatsächlich war der Bau des Flughafens damals eines der größten Architekturprojekte der Welt. Sowas kann man sich heute gar nicht mehr vorstellen, da heute alles viel größer gebaut wird. Der Architekt des Flughafens ist Norman Foster, der durch die Ingenieure Ove Arup und andere Partner unterstützt worden ist. Er entschied sich für ein Y-förmiges Gebäude mit 75 Flugsteigen. Dieses Gebäude ist mit einem Dach aus gekrümmten Stahlschalen überspannt. Es ist nach dem Terminal 3 des Pekinger Flughafens mit seinen 1270 Metern das zweitlängste einzelne Gebäude der Welt.

Die Geschichte Hong Kongs

Laut archäologischen Forschungen gab es schon vor 5000 Jahren Menschen, die sich auf dem Gebiet des heutigen Hong Kong befanden. Das beweisen neolithische Funde, die auf menschliche Besiedlung hinweisen. Man geht davon aus, dass es damals schon Kulturen gab. Unter anderem auch die Longshan-Kultur. Man konnte tatsächlich Artefakte aus dem 6. bis 3. Jahrhundert finden. In dieser Zeit herrschte die Zeit der streitenden Reiche ungefähr zwischen 475 und 221 v. Chr. Das Reich

Chinas wurde in dieser Zeit in mehrere Sektoren aufgeteilt. Kommen wir nun zum chinesischen Kaiser-
reich. Das Gebiet, in dem das heutige Hong Kong
liegt, wurde damals von der Han-Dynastie besiedelt.
Also von den sogenannten Han-Chinesen. In der da-
rauffolgenden Tang-Dynastie wurde diese Region
hauptsächlich als Hafen genutzt und war sehr wichtig für den Handel. Als die Yuan-Dynastie dann Hong
Kong übernommen hatte, aufgrund des Mongolen-
krieges, entschlossen sich viele Menschen in den
Norden zu wandern. Aufgrund dessen blieb die Region ziemlich abgeschottet und lebte damals von
Fischfang und Perlenzucht. Das bietet sich in so einer
Region natürlich an. Die Menschen lebten und leben
immer noch am Wasser und es ist somit sehr leicht,
an Fische oder Perlen zu kommen.

Um ungefähr 1517 kam ein portugiesischer
Händler namens Fernão Pires de Andrade an der
südchinesischen Küste an und belegte eine größere
Siedlung. 1699 gelangte die britische Ostindien-
Kompanie nach China und gründete einen festen
Handelsstützpunkt in Guangzouh. Diese brachten
stetig Opium (Mohnsaft) mit, der schließlich auf-
grund dessen, dass die Regierung den Handel

unterbinden wollte, den ersten Opiumkrieg auslöste und dadurch Hong Kong am 20. Januar 1841 besetzt worden ist, da China diesen Krieg verlor. Der Teil Hong Kongs wurde jedoch erst ein Jahr später offiziell mit dem Vertrag von Nanking von China an Großbritannien abgegeben. Um eine Versorgung mit Wasser und Nahrungsmitteln zu gewährleisten, wurde das Gebiet nördlich Kowloons, welches eigentlich schon 1860 abgetrennt wurde, am 9. Juni 1898 ungefähr bis zum Shenzhen Fluss und 235 weitere Inseln auf 99 Jahre gepachtet. Nachdem dann die Handelsliberalisierung aufgrund des Krieges durchgeführt wurde, wurde Hong Kong zu einer sehr wichtigen Freihandelszone in Ostasien. Aber auch amerikanische Händler fanden ihren Nutzen in dieser Zone.

In den 1890er brach dann die Beulenpest in Südchina aus und schädigte diese Entwicklung, in der Hong Kong sich zu dieser Zeit befand. Nach dieser Pest wurde Hong Kong zum Zufluchtsort für viele Taiping, Monarchisten und Kommunisten. Die Bevölkerung stieg rasant an. Von 1851 bis 1931 kamen rund 850.000 Menschen in die Stadt. Shanghai blieb trotzdem bis 1949 deutlich größer und Hong Kongs

Wirtschaft wurde nach 1919 durch nationalistische Arbeiter und Streiks geschwächt. Die wohl bekannteste Arbeitsniederlegung dauerte vom 19. Juni 1925 bis zum 10. Oktober 1926. Einen Tag nachdem Angriff auf Pearl Harbour am 7. Dezember 1941, also am 8. Dezember 1941, wurde Hong Kong unter der von Führung Takashi Sakai vom japanischen Reich angegriffen.

Die Einwohner Hong Kongs, also Briten, Kanadier, Inder und Kantonesen, konnten dem Druck der Japaner nicht standhalten und wurden so nach nicht allzu langer Zeit von ihnen erobert. Zweieinhalb Wochen nach dem Kampf mussten sich die Briten ergeben und die Führung über Hong Kong dem japanischen General Isogai Rensuke überlassen.

Dieser führte Hong Kong 4 Jahre lang unter japanischer Besetzung. Am Ende des 2. Weltkrieges war Hong Kong komplett zerstört und niemand wusste irgendetwas anzufangen, da jeder Mensch so gut wie alles verloren hatte. Als sei es nicht schon genug, gab es nach dem 2. Weltkrieg einen Bürgerkrieg in China. Dieser endete am 1. Oktober 1949 und so flüchteten alle Konterrevolutionäre nach Hong Kong und viele Unternehmen verlegten ihren Sitz von Shanghai nach Hong Kong. 5 Jahre nach dem 2. Weltkrieg fiel Hong Kong in eine weitere Wirtschaftskrise. Aufgrund eines Wirtschaftsembargos wurde Hong Kongs Brückenkopffunktion überflüssig gemacht und erlitt einen großen Schaden.

Dadurch dass dieses Embargo dann tatsächlich aufgehoben wurde, stieg Hong Kongs Wirtschaft höher denn je. Die Stadt wurde zu einem Industriezentrum, obwohl diese noch recht klein war. Daraufhin wanderten viele Menschen von außerhalb ein und gründeten/stellten fähige und gebildete Unternehmen. Diese Unternehmen stellten aber auch billige Arbeitskräfte ein. Das machte Hong Kong zu einem der effizientesten Systeme der Welt. Anschließend in den 1960er Jahren brach eine Kulturrevolution aus. Es gab einerseits Proteste für die Rechte der Arbeiter, andererseits gab es auch Proteste, die kommunistische Züge annahmen. Alle Proteste wurden gewaltsam unterdrückt.

Nach dem Tod von Mao Zedong übernahm Deng Xiaoping die Führung der Wirtschaft, um diese wieder ins Gleichgewicht zu bringen. Seine Idee war es, Sonderwirtschaftszonen zu errichten. Aufgrund dessen sind in den 1980er viele Produktionsbetriebe aus Hong Kong abgewandert, da die Wirtschaft sich neu orientieren musste. Anschließend wurde Hong Kong zu einem Handels- und Dienstleistungszentrum.

Kommen wir nun zu der Verhandlung zur Wiedereingliederung. Im Jahre 1982 begonnen Verhandlungen mit der britischen Premierministerin Margaret Thatcher, um die noch unter britischer Herrschaft stehenden „New Territories". China wollte dieses Gebiet in Hong Kong wieder für sich haben und verlangte das für 99 Jahre gepachtete Gebiet und jedes andere Gebiet, welches aufgrund des Nanking Vertrages abgetreten wurde, zurück. Die Regierung Chinas fand diesen Vertrag „unfair". Deng Xiaoping sah aber, dass eine Eingliederung Hong Kongs nicht möglich und auch nicht im Interesse Chinas war.

Er entwickelte daraufhin eine Doktrin, die dann die Erklärung für ein chinesisch-britisches Hong Kong war. Am 19. Dezember 1984 wurde dieser Vertrag unterschrieben und so wurde Hong Kong zu einer Sonderverwaltungszone Chinas (SAR). Damit waren viele Menschen aber nicht einverstanden, weswegen viele Gegner der chinesischen Regierung aus Hong Kong auswanderten. 1989 wanderte wieder eine große Anzahl an Menschen aufgrund des Tian'anmen-Massakers aus, welches die chinesische und britische Bevölkerung in zwei Teile teilte. Zufluchtsorte für die „Flüchtenden" waren Australien, Kanada, Singapur und die USA.

Die Regierung beschloss Anfang Januar um 1990, 50.000 Familien in Hong Kong eine volle britische Staatsangehörigkeit zu geben, damit diese sich auch in Großbritannien niederlassen konnten. Jedoch hat schon ein Jahr zuvor der britische Premierminister den Hong Konger Bürgern mitgeteilt, dass diese kein ständiges Wohnrecht in Großbritannien bekommen werden. Das Grundgesetz für die Sonderverwaltungszone wurde am 4. April 1990 in Peking vom VII. Nationalen Volkskongress der Volksrepublik China verabschiedet. Ebenso wurde sich zur gleichen Zeit für eine demokratische Bewegung eingesetzt. Diese Gruppe nannte sich „United Democrats of Hong Kong" (UDHK). Ein Jahr später im Juni war es im Interesse der britischen Regierung, sich für die Grundrechte der Hong Konger einzusetzen.

So beschlossen sie das sogenannte „Bill of Rights". Ebenso wurde von der chinesischen und britischen Regierung beschlossen, einen Flughafen in

Hong Kong zu bauen. Allerdings gab es währenddessen Meinungsverschiedenheiten bezüglich der Finanzierung. Im Juli 1992 trat Chris Patten, der letzte britische Gouverneur Hong Kongs, an.

Dieser Antritt war für die Hong Konger eher ein Vorteil, da dieser der erste wirklich professionelle Politiker in dieser Form war und die Beziehung zur Volksrepublik strapazierte, indem er liberal-demokratische Reformen einführte. Außerdem stärkte er das politische Bewusstsein und Interesse der Bevölkerung. 1993 liefen ganze 17 Verhandlungen über die Einführung demokratischer Wahlen, da Uneinigkeiten zwischen den Parteien vorkamen. Das Vorhaben der demokratischen Wahlen wurde dann jedoch abgebrochen. Die vorgeschlagenen Wahlreformen von dem eben genannten Chris Patten wurden im Juni 1994 vom Legislativrat verabschiedet.

Die Volksrepublik China kündigte daraufhin aber an, dass sie den gewählten Legislativrat mit der Übergabe am 1.Juli 1997 auflösen werden. Ein Jahr nach der Verabschiedung der Wahlreformen veröffentlichte die chinesische Arbeitskommission eine Liste von Mitgliedern der neuen Vorbereitungskommission, die 1996 anfangen sollte zu arbeiten.

Aufgeteilt sind sie wie folgt: 56 Vertreter aus der Volksrepublik China und 94 Vertreter aus Hong Kong. Am 26. Januar 1996 wurde sie dann offiziell gegründet. Zwei Monate später lief die Frist für die Möglichkeit eines britischen Passes ab.

Vor dem Ablauf der Frist wurden 3,4 Millionen britische Reisepässe ausgestellt, mit denen man in über 80 Staaten visumfrei reisen konnte. Menschen mit so einem Pass hatten jedoch nicht das Recht in Großbritannien zu wohnen. Am 1. Juli 1997 war es dann vorbei mit der britisch-chinesischen Regierung. Die chinesische Volksrepublik übernahm die volle Macht über Hong Kong und feierte dies mit einem zeremoniellen Akt. Seitdem ist Hong Kong eine Sonderverwaltungszone, die der Stadt einen großen Vorteil in allen politischen Bereichen gibt.

Pekings Regierung hat aber versucht, diese „Autonomie" aufzulösen. Ein Beispiel dafür wäre das Hong Konger Grundgesetz mit dem Anti-Subversions-Paragrafen. Gegen diesen Paragraphen demonstrierten eine halbe Millionen Menschen und verlangten, dass der Chief Executive Tung Chee-hwa zurücktreten soll. 2019 wurde ein sogenanntes Auslieferungsgesetz beschlossen, was den Behörden

erlauben sollte, beschuldigte Personen an die Volksrepublik auszuliefern. Man fürchtete aber, dass die
chinesische Justiz deswegen nicht unabhängig sei
und so demonstrierten zwei Millionen Menschen,
woraufhin dieses Gesetz abgeschafft wurde. Aktuell
kämpft Hong Kongs Bevölkerung immer noch für
eine demokratische Verordnung und die Proteste
werden voraussichtlich noch lange weitergehen. Die
Protestbewegung fordert Unterstützung aus dem
Ausland. Nach dem japanischen G20-Gipfel fordert
die Protestbewegung eine Unterstützung der G20-
Staaten (Australien, Argentinien, Brasilien, China,
Deutschland, Frankreich, Großbritannien, Indien, In-
donesien, Italien, Japan, Kanada, Mexiko, Russland,
Saudi-Arabien, Südafrika, Südkorea, Türkei, die USA
und die Europäische Union).

Alles rund um Hong Kongs Kultur

Zuallererst fangen wir grundlegend mit der chinesischen Kultur an. Später werde ich mich auf Hong Kongs Kultur spezialisieren, damit Sie wissen, was Sie für eine Kultur in Hong Kong erwartet (Klischees, Eigenarten, Charakter, Bräuche, Wortgebräuche, Essensspezialitäten und Architektur).

Die chinesische Kultur beinhaltet viele

verschiedene Dinge. Darunter Denkweisen, Ideen, Vorstellungen, Politik, Kunst, Literatur, Malerei und Musik. Die Kunst Chinas erstreckt sich von 221 v. Chr. bis heute. Sie wird oft als ein Ausdruck der chinesischen Kultur bezeichnet und viele Gemälde aus früheren Jahren zeigen diese sehr gut wie zum Beispiel ein Landschaftstuschbild von Dǒng Qíchāng, auf dem eine Landschaft mit Bäumen, Felsen und einem kleinen typisch chinesischen Haus zu sehen ist. Im Gegensatz zu anderen „Kunstformen" ist die chinesische Kunst über Jahrhunderte ziemlich gleichgeblieben und kaum verändert worden. Aber auch die Musik hat Besonderheiten an sich. Diese ist die älteste Musiktradition der Welt. Zwar sind viele Werke aus den letzten Jahren verloren gegangen, doch die Instrumente sind erhalten geblieben. So erlebt diese Musikrichtung gerade eine Art Renaissance.

Wer schon einmal in China war, wird mit Sicherheit diese typischen Konstruktionen von chinesischen Häusern gesehen haben. Falls Sie so ein Haus beispielsweise in Form eines Palastes gesehen haben, können Sie davon ausgehen, dass es solche Bauweisen schon vor Jahrhunderten gab und sie noch bis heute erhalten geblieben sind. Merkmale dieser wären zum Beispiel die geschwungenen Dächer oder die schwache Akzentuierung der vertikalen Wände. Man legte und legt mehr Wert auf den äußeren Eindruck der Gebäude.

Deswegen sind diese nicht besonders hoch, da man sowas nicht als wichtig empfindet. Aber egal ob Palast oder Bauernhaus, man legt großen Wert darauf oder sollte zumindest darauf achten, dass alle Häuser symmetrisch gebaut sind. Im Gegensatz dazu hat man immer versucht, die Gärten so asymmetrisch wie möglich zu halten, damit das Bild wie richtige Natur aussieht. Da an der chinesischen Küste oft Erdbeben auftreten können, werden die Häuser oft aus Holz gebaut, da diese sehr erdbebensicher sind. Es gibt aber auch Bauwerke, die aus rotem oder grauem Ziegelstein bestehen.

Diese sind nicht so anfällig für Feuer wie Holz, jedoch sehr erdbebenunsicher, da sie oft einfach ineinander fallen. Eine weitere architektonische Besonderheit sind die Holzgitter an den Fenstern und die Klassifikationssysteme über verschiedene Giebel- und Sparrenformen. Auch die gelben Dachziegel waren Besonderheiten, die nur in der chinesischen Kultur zu finden waren. Diese wurden ausschließlich für kaiserliche Tempel benutzt, die sich diese Form „reserviert" hatten. In der chinesischen Kultur ist es für den Besitzer eines Hauses üblich, die Himmelsrichtungen, in die das Haus gebaut werden soll, mit Zahlen oder Farben zu reservieren.

Das ist der Glaube an die Immanenz. Dabei glaubt man, dass jedes Objekt seine eigene Eigenschaft besitzt. Heute kann man in der Verbotenen Stadt in Peking noch solche gelben Dächer sehen und begutachten. In kaiserlichen Bauten sind die Wände meistens purpurrot. Diese Farbe galt nach der Tradition als Farbe des Polarsterns. Ähnlich typisch war, dass der Eingang immer nur in Richtung Süden gebaut wurde und die Dekoration oft aus Drachen bestand, die auf Dachsparren, Pfeilern, Türen oder Säulen zu finden sind.

Kommen wir nun als letztes zur chinesischen Sprache, die, wie wir alle wissen, ziemlich einzigartig ist. Man kann sie in etwa mit der japanischen oder koreanischen Sprache vergleichen. Die chinesische Sprache wird heutzutage von 1.3 Milliarden Menschen gesprochen (darunter auch von den Menschen in Hong Kong). Sie besteht aus vielen verschiedenen Dialekten. In China wird jedoch fast nur hochchinesisch gesprochen. Dies basiert auf der größten sinitischen Sprache, dem Mandarin, und entspricht dem Mandarin-Dialekt, den Menschen in Peking haben. Bei der Schrift ist es jedoch anders. Diese ist nicht abhängig vom Dialekt, sondern benutzt jeder, egal woher er kommt oder welchen Dialekt er hat. Das wirklich Besondere ist, dass viele Wörter im Chinesischen einfach nur ein Zeichen haben. Beispielsweise das Wort „essen" würde heißen 吃.

Kommen wir nun zur Kultur Hong Kongs. 95 % der Einwohner Hong Kongs sind tatsächlich Chinesen, obwohl die Stadt eine britische Kolonie war. Jedoch grenzen sie sich von den üblichen Einwohnern der chinesischen Volksrepublik in manchen Punkten ab - zum Beispiel im Dialekt. Die meisten Hong Konger haben einen kantonesischen Dialekt. Im Gegensatz zu anderen Ländern oder Regionen konnte sich Hong Kongs frühere Kultur tatsächlich bis heute durchsetzen wie beispielsweise die Ahnenverehrung oder der Glaube an die Feng-Shui-Lehre. Im Prinzip ist die Ahnenverehrung so etwas wie die Verehrung von toten Familienangehörigen oder Partnern in Form von Geistern. Diese werden dann in

Form von bestimmten Ritualen verehrt. Die Feng-Shui-Lehre ist die Lehre der Harmonisierung mit anderen Menschen.

Um dies zu erreichen, müssen die Menschen ihre Wohnung und ihren Lebensraum besonders gestalten. Bei der Gestaltung müssen einige Regeln beachtet werden, damit eine Art „verstockte Energie" nicht im Raum gefangen bleibt, sondern entweichen kann. Aber auch jegliche Altersgruppe, ob jung oder alt, glaubt an die Wahrsagerei. Sie wollen sich unbedingt sicher sein, dass sie große Entscheidungen richtig tätigen. Die meisten Menschen gehen zu Wahrsagern, die aus dem Gesicht oder den Händen die Zukunft derjenigen ablesen. Es gibt aber auch welche, die mit Bambusstäben versuchen, das Schicksal der Menschen zu bestimmen. Die Wahrsagerei wurde fester Bestandteil in Hong Kong, auf den viel Wert gelegt wird.

Kommen wir nun zur Religion, die in Hong Kong ausgeprägt ist. Tatsächlich sind die meisten aller Hong Konger nicht religiös. Aber auch wenn die meisten Menschen nicht religiös sind, gehen diese oft in buddhistische oder taoistische Tempel oder haben buddhistische Schreine in ihren Häusern oder

Wohnungen. Sie geben beispielsweise auch Opfergaben an alle Gottheiten, die es gibt, um ein gutes „Joss" (Glück) zuhaben. Christen gibt es auch in Hong Kong. Diese sind mit den Briten nach Hong Kong gekommen und noch heute gibt es 500.000 Protestanten und Katholiken, die sich in sozialen Bereichen, Kindergärten, Schulen und Krankenhäusern engagieren.

Es gibt viele weitere schöne Kulturen, die Sie in Hong Kong erleben werden. Darunter auch das Cheung Chau Bun Festival, die chinesische Medizin, die chinesische Oper, chinesischer Tee, die Zeremonie des Flaggenhissens am Golden Bauhinia Square, die Pferderennen, das Fest des hungrigen Geistes, die Wunschbäume in Lam Tsuen, das Petty Person Beating, das Tai Chi und den Tai Hang Fire Dragon Dance. Das Cheung Chau Bun Festival ist beispielsweise unter den Top 10 der seltsamsten Festivals auf der Welt. Sollten Sie also auf seltsame Dinge stehen, sollten Sie sich um einen Besuch nicht drücken.

Das Festival findet vom fünften bis neunten Tag des vierten Mondmonats statt und jedes Jahr bereiten sich die Bewohner der kleinen Insel Cheung Chau auf dieses Festival vor, da man immer eine hohe Anzahl von Besuchern erwartet. Sie backen

28|ALLES RUND UM HONG KONGS KULTUR

Brötchen, basteln Pappmaché-Figuren und bauen einen Turm aus Bambus. Diese Vorbereitungen sind nötig, um den Menschen oder vielleicht auch Ihnen ein großartiges Festival bieten zu können. Die Bewohner sehen es als notwendig an, um ihre Bräuche weiterzuführen. Unter anderem auch einfach für die Gemeinsamkeit untereinander.

Ein weiteres bedeutendes Fest ist das Fest des hungrigen Geistes. Laut der Tradition Chinas sollen Geister im siebten Monat des Mondkalenders über die ganze Welt streifen. Dieses Fest ist die Chance für sie, die lebendige Kultur live mitzuerleben. Man lässt beispielsweise das Essen draußen stehen, um den Hunger der Geister zu stillen oder man verbrennt Geld am Straßenrand, um Opfer zu bringen.

Sollten Sie sich also dazu entscheiden, dieses Fest zu besuchen, werden Sie mit Sicherheit Menschen von Chiu Chow sehen, die in Parks oder anderen öffentlichen Orten den umherwandernden Geistern ihrer Vorfahren Opfergaben bringen, Räucherstäbe abbrennen, Reis verteilen oder chinesische Opern aufführen. Wie Sie sehen – Hong Kongs und Chinas Kultur ist ziemlich umfangreich und speziell. Falls Sie also unbedingt etwas Neues kennenlernen wollen, wird Hong Kongs Kultur genau das Richtige für Sie sein.

Sehenswürdigkeiten

Wenn Sie nach Hong Kong kommen, wird Ihnen eins mit Sicherheit nicht fehlen - Sehenswürdigkeiten und Attraktionen. Hong Kong bietet unzählige Sehenswürdigkeiten, die ihre Geschichte haben oder einfach nur schön zum Ansehen sind oder Attraktionen, an denen Sie den Spaß Ihres Lebens erleben werden. In diesem Kapitel werden Sie viele davon kennenlernen und haben so eine gute Auswahl und viele Informationen, um sich in der Stadt zurechtzufinden und viele von diesen Sehenswürdigkeiten und Attraktionen zu besuchen.

Fangen wir mit der Lantau Island an. Wer einen Ausflug auf die Lantau Island plant, kann sich auf viele Wanderwege und Strände freuen. Diese ist nämlich die größte aller 263 Inseln Hong Kongs und bietet viele Aktivitäten und vor allem viel Fläche für Wanderer. Ich würde Ihnen raten, sich ungefähr von November bis Januar auf die Insel zu begeben, da zu diesen Zeiten eine recht angenehme Temperatur herrscht und es kaum regnet. Das eignet sich besonders gut für die Wanderer. Diese können sich dann bei angenehmen 18-20 Grad Celsius bei einer Regenwahrscheinlichkeit von rund 6 % auf den Weg zu einer tollen Wanderung machen -beispielsweise auf Mui Wo. Dort erwarten Sie Wasserfälle, leckeres Essen vor Ort (natürlich Fisch) und eindrucksvolle Wälder, durch die man sich auf verschiedenen Wegen durchschlängeln kann.

Wer aber eher seine Ruhe haben und einfach mal abschalten möchte, dem empfehle ich Tong Fuk Tseun - ein einsamer Strand, an dem keine Menschenseele ist. Bei warmem Wetter kann man hier sogar baden oder sich am Strand sonnen. Sollte es jedoch etwas kühler sein, genießen Sie einfach die Ruhe und die Geräusche der Wellen, die auf den Sand treffen. Vom Strand aus sehen Sie in der Weite viele Berge und hinter Ihnen liegt kilometerweite wald-grüne Fläche. Besonders beim Sonnenuntergang ist dieser Ort für Strandliebhaber ein Traum.

Wer aber jedoch mehr Adrenalin erleben und es eher spaßiger haben möchte oder Kinder hat, der sollte sich auf der Lantau Island für das „Disneyland Hong Kong" entscheiden. Dieses hat jeden Tag bis 20:00 Uhr sowie am Samstag und Sonntag bis 20:15 Uhr geöffnet. Am besten gelangt man mit dem Bus oder dem Taxi zum Disneyland, da das, im Gegensatz zu anderen Möglichkeiten, günstiger ist. Im Disney-land erwartet Sie eine Vielzahl von Attraktionen, mit denen Sie definitiv den richtigen Adrenalin-Kick be-kommen. Insgesamt haben Sie die Möglichkeit auf 35 Attraktionen, in drei Hotels, 24 Restaurants oder 16 Einkaufsläden zu gehen. Alle 35 Attraktionen sind auf insgesamt sieben „Länder" aufgeteilt (Main Street USA, Adventureland, Grizzly Gulch, Mystic Point, Toy Story Land, Fantasyland und Tomorrow-land). Dort findet man bestimmt etwas für sich - egal für welches Alter oder Geschlecht.

Ein paar Tipps gebe ich Ihnen jetzt auf den Weg, sodass Sie sich leicht und unbeschwert zurechtfinden. Menschen, die große Menschenmassen nicht mögen und den Park am liebsten leer sehen würden, muss ich leider enttäuschen. Ganz leer wird der Park nie sein. Sie können jedoch versuchen, den Menschenmassen aus dem Weg zu gehen, indem Sie möglichst früh von Montag bis Freitag den Park besuchen. Haben Sie es geschafft, so früh wie möglich am Park anzukommen, sollten Sie sich meines Erachtens nach mit einer Bahn direkt zum Ende des Parks begeben und Ihre Tour dort starten. Die meisten Besucher fangen nämlich immer am Anfang des Parks an und arbeiten sich so über den Tag verteilt bis zum Ende vor. Sie aber wiederum würden am Ende des Parks anfangen, also bei den Themenbereichen, die sich so weit wie möglich vom Eingang entfernt befinden, und sich bis zum Eingang des Parks durcharbeiten. So vermeiden Sie es, auf große Warteschlangen und Menschenmassen zu stoßen.

Das wären meine drei besten Orte, die man auf der Lantau Island besuchen sollte.

Südlich des Hafens „Victoria Harbour" befindet sich Hong Kongs Ocean Park. Wie man im Namen schon erkennen kann, spezialisiert sich dieser Freizeitpark auf den Lebensraum Meer und alles rund herum. Das passt tatsächlich auch zu seiner Umgebung, da der Park auf der Südseite Hong Kongs und nahe dem Hafen liegt. In diesem Park gibt es viele verschiedene Themengebiete. Darunter Adventures in Australia, indem man wundervoll beobachten kann, wie die typischen Lebewesen Australiens leben. Darunter auch Koalas, die auf den Bäumen sitzen oder Wallabies, die in der Gegend umherspringen sowie Kakadus, die vor sich hin pfeifen, können Sie in dieser Themenwelt begutachten.

Man kann aber auch viele Wunderwerke des Meeres miterleben. Das alles in Shark Mystique. Dort werden Sie auf über hundert Haie und Rochen aller Art stoßen, wie zum Beispiel dem Sägefisch oder dem Zebrahai. Ein absolutes Highlight dieser Welt ist die 360 Grad Ausstellung, in der Sie alle Arten mit geschärftem Blick verfolgen können. Diese Ausstellung empfehle ich Ihnen bei einem Besuch im Ocean Park sehr. Wenn Sie jedoch den Winter der Welt kennenlernen wollen, sollten Sie sich Polar Adventure unbedingt anschauen. Dieser bringt Sie in den eiskalten Norden, wo Sie auf viele typische Lebewesen stoßen werden, die man sonst nur am Nordpol, Südpol oder im hohen Norden sehen kann.

Darunter befinden sich Königspinguine, Walrosse, Seehunde, Polarfüchse oder Schneeeulen. Das Besondere ist aber, dass wenn Sie Hunger bekommen sollten, Sie sich einfach in das Tuxedo Restaurant setzen und beim Essen den Blick auf über 70 Pinguine werfen können. Das macht dieses Restaurant für mich zu einer Einzigartigkeit in dieser Welt. Aber auch für Geschichtsfaszinierte findet sich im Ocean Park eine Besonderheit. Das „Old Hong Kong" ist eine Welt mit exakten Nachbauten vom 1950er, 1960er und 1970er Hong Kong. Diese sind sehr detailliert nachgebaut und man hat das Gefühl, als würde man wirklich in dieser Zeit steckengeblieben sein. Aber auch alte Trams und farbenfrohe Kulissen warten auf Sie in dieser Themenwelt. Das wären meine Favoriten dieses Parks und ich würde Ihnen auch empfehlen, dort als erstes hinzugehen, da diese Themenwelten sehr gut umgesetzt worden sind und einfach schön aussehen.

Als nächstes will ich Ihnen eine Möglichkeit vorstellen, ganz leicht und ohne viel Aufwand auf die Spitze des berühmten Victoria Peak zu kommen. Das können Sie nämlich ganz leicht mit der sogenannten Peak Tram, die eine Gondel ist, mit der man ganz leicht an die Spitze des Berges gelangt. Sie ist rund 1,36 Kilometer lang und erstreckt sich über 13 Stationen, die bis nach ganz oben führen. Während der Fahrt können Sie die Skyline Hong Kongs sehen und sich auf einen großartigen Ausblick freuen.

Aber auch die Natur, die man auf dieser Strecke sieht, ist ein atemberaubendes Erlebnis. Sie fahren unter riesigen Baumkronen entlang und besonders bei Nacht ist die Skyline während der Fahrt ein großartiges „Schauspiel" aus Werbelichtern, Straßenlaternen, Autoscheinwerfern und Beleuchtungen der Wolkenkratzer. Die Gondel hat jeden Tag von 7:00 Uhr früh bis 0:00 geöffnet. Der Preis beträgt ca. 11,72 €. Also ein echter Schnapper für ein großartiges Erlebnis. Ich empfehle Ihnen, möglichst unter der Woche mit der Gondel zu fahren, da diese in dieser Zeit nicht so oft besucht wird und Sie dann nicht an langen Schlangen anstehen müssen. Aber auch ein nicht zu sehr bewölkter Himmel wäre bei dieser Fahrt von Vorteil. Am besten fahren Sie an einem sonnigen, wolkenlosen Tag los und ich garantiere Ihnen einen tollen Ausflug.

Eine weitere schöne Sehenswürdigkeit liegt im West Kowloon Cultural District und heißt Sky100.

Diese ist eine Aussichtsplattform, die, wie der Name schon sagt, auf 100 Etagen in die Höhe geht. Man hat auf der Aussichtsplattform eine 360 Grad Aussicht über Hong Kongs Hafen und über die Skyline. Diesen Ausblick ermöglichte uns die Architektenfirma Kohn Pedersen Fox, die diese in 393 Meter über dem Meeresspiegel hohe Aussichtsplattform entworfen hat. Damit ist sie die höchste Aussichtsplattform Hong Kongs und so auch der höchste Ort, an dem Sie als Tourist auf einfachem Wege gelangen können, wenn es nicht die Berge rund um Hong Kong sind.

Um auf die 100 Etagen zu kommen, fahren Sie mit einem Aufzug. Dieser erreicht die 100. Etage in 60 Sekunden. Um diese schöne Aussicht genießen zu können, müssen Sie pro Person ungefähr 20 Euro zahlen. Für dieses Geld erwartet Sie aber oben eine echt schöne Aussicht, vor allem bei Einbruch der Dunkelheit. Beim Sonnenuntergang wird man für diese 20 € mehr als entschädigt. Sie haben aber auch die Möglichkeit, ein VR Erlebnis (Virtuell Reality) ins alte Hong Kong und den alten Hong Konger Flughafen zu machen. Sie erleben, von Rikscha-Fahrern, Straßenhändlern oder Kung-Fu Kämpfern umgeben zu sein und diese Aktivitäten live mitzufühlen.

Für das Geld wird Ihnen eine 28 Meter lange Multimedia-Wand, in der 100 verschiedene Geschichten gezeigt werden, die Sie sich gerne angucken können, geboten. Aber auch leckeres Essen (welches Sie selbst bezahlen müssen) wird Ihnen im Café 100 des Ritz-Carlton geboten. Die Aussichtsplattform ist jeden Tag von 10:00 Uhr bis 20:30 Uhr geöffnet und wird so gut wie jeden Tag mäßig besucht und im Durchschnitt verbringen Menschen dabei 1-2 Stunden, um dort die Aussicht zu genießen oder die oben genannten Aktivitäten zu erleben.

Wer Donald Trump oder andere chinesische Prominenz treffen will, sollte sich in das sogenannte „Madam Tussauds", welches sich im Victoria Peak Tower befindet, begeben. Dort treffen Sie dann viele bekannte Persönlichkeiten, halt nur aus Wachs. Denn Madame Tussauds ist dafür bekannt, überall auf der Welt Museen zu haben, die sich darauf spezialisieren, prominente Menschen als Wachsfigur darzustellen. Das Ticket ist teurer als andere Attraktionen, aber als Tipp würde ich Ihnen geben, die Tickets direkt im Internet zu kaufen. Das ist meist günstiger als vor Ort, aber natürlich nur machbar, wenn man einen Besuch plant und wirklich dorthin will.

Ein weiterer Tipp wäre, dass Sie sich wirklich nur auf einen Besuch einlassen sollten, wenn Sie sich auch etwas für chinesische Politiker, Stars oder Sportler interessieren oder ein paar sogar kennen, denn das Madame Tussaud's in Hong Kong bietet größtenteils nur chinesische Stars. Natürlich gibt es ein paar europäische oder amerikanische Stars, dennoch überwiegen die chinesischen Stars. Mein letzter Tipp wäre: Falls Sie keine Lust auf lange Schlangen am Eingang oder sonstiges haben, sollten Sie sich für einen Mittwoch entscheiden, das Museum zu besuchen, da es an diesem Tag weniger besucht.

Es gibt aber auch ein Museum, welches sich auf die Geschichte Hong Kongs spezialisiert. Das „Hong-Kong-Museum of History" ist die perfekte Attraktion für Geschichtsfans. Für nur 10 Hong Kong Dollar pro Person, also ca. 1,20 €, wird Ihnen eine Menge geboten. Unter anderem eine Ausstellung von 8 Galerien, 4000 Exponaten und 750 Grafiken, die sich über eine Zeitspanne von über 400 Millionen Jahren bis zur chinesischen Volksrepublik spannt. Darunter befinden sich Themen wie Hong Kongs Naturgeschichte, Ethnografie und Lokalgeschichte. Das Museum befindet sich im Stadtteil Kowloon und erstreckt sich über 2 Etagen, die jeweils 7000 Quadratmeter groß sind. Das bietet einem die Möglichkeit, viel Geschichte zu erkunden und zu entdecken - egal wie alt oder wie jung Sie sind. Besonders wenn es in Strömen regnet ist der Besuch dieses Museums ideal. Das Museum ist jeden Tag von 10:00 Uhr bis 18:00 Uhr geöffnet, außer am Samstag und Sonntag.

An diesen Tagen ist es von 10:00 Uhr bis 19:00 Uhr geöffnet. Auch wird es am Samstag und Sonntag am meisten besucht. Es ist jedoch etwas schwer, sich im Museum zurechtzufinden und nach der richtigen Zeitlinie zugehen. Da würde ich Ihnen einfach raten, das Personal vor Ort zu fragen und Ihnen wird bestimmt geholfen, damit Sie sich ordentlich zurechtfinden. Aber auch Wissenschaftsbegeisterte werden in Hong Kong nicht außen vorgelassen.

Mit dem „Hong Kong Science Museum" erleben Sie die Wissenschaft in ganz vielen neuen Facetten und lernen viele neue Dinge. Der Eintritt ist mittwochs kostenlos und an anderen Tagen kostet es ca. 20-30 Hong Kong Dollar, umgerechnet wären das ca. 2-3 Euro. Da das History Museum und das Science Museum dicht nebeneinander liegen, würde ich empfehlen, an einem Tag direkt in beide Museen zu gehen und etwa 3 Stunden für jeweils ein Museum einzuplanen. Dann können Sie sich sicher sein, dass Sie alles gesehen haben oder sehen werden.

Besonders geeignet ist das Museum für kleine Kinder, weil diese dort viel zum Spielen haben und es dort sehr kindersicher ist. Ausstellungsstücke oder Attraktionen, die besonders atemberaubend sind, sind beispielsweise einmal das erste Cathey Pacific Verkehrsflugzeug, welches von der Decke hängt, oder im kompletten Computerbereich, welcher bei Kindern sehr beliebt ist. Im Computerbereich erwartet Sie beispielsweise ein Auto, welches dort aufgebaut ist und womit jeder Mensch fahren kann. Es wird auch garantiert, dass man keine Unfälle bauen kann, da Geschwindigkeitsüberschreitungen oder übermäßiger Kraftstoffverbrauch vermieden werden. Außerdem kann man dort in ein reales Flugzeug steigen und über eine Simulation das Flugzeug fliegen. Im Allgemeinen kann man sagen, dass Sie wirklich viele Themen erwarten.

Darunter Licht, Ton, Bewegung, Elektrizität, Magnetismus, Mathematik, Biowissenschaft, Geografie, Meteorologie, Computer, Verkehr, Kommunikation und Haustechnik. Sollten Sie sich also für eine dieser Themen interessieren oder Kinder haben, kann ich Ihnen versichern, dass Sie hier tolle Stunden verbringen werden.

Kommen wir nun zu einem Riesenrad, welches etwas weiter links vom Victoria Harbour an der Südseite Hong Kongs liegt. Dieses ist 60 Meter hoch und besitzt für Menschen, die etwas mehr bezahlen möchten, tatsächlich sogar eine Gondel mit Ledersitzen und einem Glasboden, durch den Sie nach unten schauen können, solange Sie keine Höhenangst haben. Was aber alle Gondeln besitzen, ist eine Klimaanlage, falls man sich an einem sehr heißen Tag entscheidet, Riesenrad zu fahren, und ein Kommunikationssystem. Das Ganze hat von 11:00 Uhr bis 23:00 Uhr an jedem Wochentag geöffnet.

Der Ticketpreis liegt hier bei ungefähr 15 Euro pro Person und für dieses Geld werden 3 Runden gefahren. Außerdem ist das Riesenrad wirklich einfach zu erreichen, da eine Busstation direkt am Riesenrad liegt und es wird voraussichtlich keine langen Schlangen geben, da dieses nicht oft besucht wird. Ich empfehle Ihnen aber besonders während des Sonnenuntergangs oder direkt bei Nacht eine Fahrt zu unternehmen, weil die Skyline von Hongkongs

Nordseite zu sehen ist, aber auch der Victoria Harbour. Umliegend warten auch viele kleine Shops und Restaurants, in denen Sie sich entweder vorher oder nachher einen kleinen Snack gönnen können. Ich empfehle Ihnen, das Riesenrad dann zu besuchen, wenn Sie schon mit allen Plänen für den jeweiligen Tag durch sind, um einfach einmal abzuschalten und den Tag ausklingen zu lassen. Es ist wirklich sehr beruhigend und egal, ob es ein stressiger Tag war oder nicht, Sie werden sich nach dieser Fahrt deutlich besser fühlen. Mit dieser günstigen Attraktion machen Sie definitiv nichts falsch und es ist wirklich ein Erlebnis.

Es gibt natürlich auch andere günstige bzw. sogar kostenfreie Attraktionen. Da hätte ich beispielsweise die Mid-Level Escalators, die sich auf der Hong Kong Insel befinden. Diese ist sogar in der Nähe des eben erwähnten Riesenrades. Das größte außenstehende Rolltreppensystem der Welt erstreckt sich über 800 Meter und überwindet auf ihrer Fahrt 135 Höhenmeter. Mit 20 hintereinander folgenden Rolltreppen und 3 „Haltestellen", an denen man jederzeit aufhören kann weiterzufahren, ist das eine gute Möglichkeit, sich kostenlos auf Hong Kong Islands

Straßen fortzubewegen. Zwar wären es nur 800 Meter, aber falls Sie sowieso dorthin wollten, wo die Rolltreppe hinführt, werfen Sie doch einen Blick auf diese Rolltreppe.

Der Grund dafür, dass sie gebaut wurde, ist ganz einfach. Die Regierung wollte so die Auslastung der öffentlichen Verkehrsmittel senken und so beschlossen sie, diese Rolltreppe zu bauen. Jedoch sollten Sie beachten, dass die Rolltreppe von 06:00 Uhr bis 10:00 Uhr morgens immer nur von den Mid-Levels runter nach „Central" fährt und von 10:30 Uhr bis 0:00 Uhr dann wieder hoch. Die Fahrt würde, ohne zu gehen etwa 20 Minuten dauern, aber wenn Sie trotzdem, obwohl die Rolltreppe in die entgegengesetzte Richtung fährt, nach oben oder nach unten wollen, gibt es für Sie einen Gehweg, der sich neben der Rolltreppe befindet.

Auf dem Weg nach oben können Sie dann sogar noch das sogenannte SoHo besichtigen. Das ist ein Viertel, welches von sehr engen Straßen und Historie geprägt ist. Hier befinden sich viele gute Restaurants und Bars. Am besten gehen Sie tagsüber dorthin, wo Sie dann die Modeboutiquen, Kunstgalerien und Antiquitätenläden besuchen oder sogar irgendetwas kaufen können.

Sogar für den, der sich für Pferderennen interessiert, gibt es in Hong Kong eine ziemlich interessante Sehenswürdigkeit. Der Happy Valley Racecourse ist die Pferderennbahn Hong Kongs und befindet sich, wie der Name schon sagt, im Stadtteil Happy Valley auf Hong Kong Island. Etwa jeden Mittwoch finden dort Rennen statt und der Eintritt kostet 10 HKD. Sie können sogar ab 20 HKD auf eins der Pferde wetten und so mit etwas Glück Gewinn machen. Ich würde Ihnen empfehlen mit der „Ding Ding" Tram zu fahren, um am Stadion anzukommen.

Aber auch während des Rennens werden Sie einen tollen Blick auf Hong Kongs Skyline haben, wenn Sie denn richtig sitzen. Besonders bei Nacht ist dies ein schöner Anblick. Auch für Leute, die Pferderennen noch nie gesehen oder sich nie dafür interessiert haben, ist das Erlebnis einmalig. Sie stecken mitten in der Atmosphäre der heimischen Einwohner, die bei dem Rennen mitfiebern. Falls Sie Hunger oder etwas in der Art haben, gibt es hier sogar auch Bier, Essen und schöne Musik. Wer keinen Eintritt bezahlen oder sich das Geld sparen möchte, kann mit seinem Pass am Eingang kostenlos rein. Dies ist extra für

Touristen. Diese müssen keinen Eintritt bezahlen, wenn sie nicht wollen. Falls Sie aber die Pferderennbahn und alles rund herum unterstützen möchten und Ihnen das Geld nicht zu schade ist, können Sie natürlich auch den Eintrittspreis bezahlen. Auf der Bahn ist eigentlich jeden Mittwoch etwas los, also werden Sie nicht drumherum kommen, mit Menschenmassen zu leben. Also, egal ob jung, alt, Pferdeliebhaber oder nicht - Sie werden bei dieser Sehenswürdigkeit auf jeden Fall Spaß haben, denn die Pferderennbahn in Hong Kong ist definitiv einen Besuch wert.

Unterkünfte und Restaurants

In diesem Kapitel werden Sie die meiner Meinung nach besten Restaurants und Hotels kennenlernen. Ebenso werde ich Ihnen luxuriöse Hotels, verrückte und normale Hotels vorstellen und das gleiche dann auch mit den Restaurants der Stadt.

Zuallererst eine kleine Info. Hong Kong ist eine sehr teure Stadt. Um genau zu sein, eine der teuersten Städte im Bereich Wohnraum. Sie werden also kaum irgendwo richtig günstig übernachten können. Für ein Bett im Schlafsaal müssen Sie wahrscheinlich

30-40 Euro zahlen, für ein einfaches und kleines Zimmer 50-100 Euro, für ein Mittelklassehotel 100-170 Euro, für ein gehobenes Hotel 170-250 Euro und für ein Luxushotel 250-800 Euro. Sie sehen also, dass ein bestimmter Komfort ziemlich teuer ist. Ich würde Ihnen empfehlen, in diesen drei Bezirken zu übernachten: Lantau Island, Kowloon und Hong Kong Island.

Auf Hong Kong Island wäre es eine gute Möglichkeit, wenn Sie im Stadtviertel „Central" übernachten. Man hat viele Vorteile in Central, wie zum Beispiel, dass viele Sehenswürdigkeiten einfach zu Fuß zu erreichen sind und viele Bars bzw. Restaurants sowie das Soho-Viertel direkt im Central liegen. Das Ganze hat aber auch Nachteile. Es gibt nur wenige Hotels hier, die dann auch noch meistens nicht günstig sind und wer sich geschichtlichen Ursprung hier erhofft, der wird enttäuscht, da das Central den geringsten Ursprung aller Viertel in der Stadt hat. Trotz alledem würde ich in Erwägung ziehen, hier ein Hotel zu buchen. Zum Beispiel meinen Platz 3 beim Thema Hotels. Das Mojo Nomad, welches damals noch Ovolo Noho hieß, ist ein schmales, in die Höhe ragendes Haus mitten im Central. Die Zimmer sind zwar etwas klein, doch sind diese sehr modern, schlicht und meiner Meinung nach sehr schön eingerichtet. Das Beste ist das Frühstück und die Happy Hour von 18:00 Uhr bis 20:00 Uhr. In dieser Zeit kann man kostenfrei Getränke wie Wein, Bier, Longdrinks oder ein paar Snacks zu sich nehmen. Ebenso gibt es hier kostenfreies WLAN, einen Whirlpool, in dem Sie schön entspannen können, ein Babysitting-Angebot, Aktivitäten für Kinder, Gepäckaufbewahrung und eine Rezeption, die rund um die Uhr besetzt ist. Meiner Erfahrung nach kann ich sagen, dass das Personal wirklich freundlich war und das Essen sehr gut geschmeckt hat.

Kommen wir nun zum Bezirk Kowloon (genau genommen Tai Sha Tsui) und damit auch zu meinem Platz 2. Kowloon liegt auf der gegenüberliegenden Seite von Hong Kong Island und auch direkt am Wasser. In Kowloon findet man an jeder Ecke Märkte mit allem, was das Herz begehrt. Das wäre ein Vorteil, wenn man in Kowloon übernachten würde. Aber auch diese Mischung aus einem historischem Teil Hong Kongs und dem modernen Teil ist ein Reiz, den man sich nicht entgehen lassen sollte sowie den Fakt, dass die meisten Hotels in Hong Kong in dieser

Gegend liegen und man somit viel Auswahl hat. Jedoch hat das Ganze auch Nachteile.

Kowloon ist im Verhältnis sehr laut und hektisch, das heißt, dass Sie viele Autos hören werden und die Menschen dort nicht so gelassen herumlaufen, aber auch die Auswahl an Bars oder Restaurants ist hier nicht sehr gut. Was ich jedoch sehr empfehlen kann, ist das Holiday Inn Golden Mile, welches auch auf dem 2. Platz meiner besten Hotels liegt. Man fühlt sich in dieser Einrichtung wirklich wohl und die Lage könnte nicht besser sein. Mein Hotelzimmer hatte eine gemütliche hellbraune bis dunkelbraune Einrichtung mit vielen Akzenten aus Holz, weswegen ich mich dort sehr wohl gefühlt habe.

Das Zimmer war zudem für Hong Konger Verhältnisse ziemlich groß. Aber das Beste kommt natürlich immer zum Schluss. Mein Platz 1 liegt ebenso in Kowloon, jedoch in einem anderen Viertel - nämlich im Hung Hom Viertel. Dieses ist im Gegensatz zu Kowloon sehr ruhig und nicht so sehr vom Tourismus geprägt, was die Atmosphäre sehr angenehm macht. Auch gibt es nicht viel Auswahl an Hotels, jedoch sind die Hotels, die es dort gibt, wirklich sehr gut, wie zum Beispiel das sogenannte Kerry Hotel.

Ich muss sagen, dass es eines der besten Hotels war, die ich je besucht hatte. Ich hatte eine tolle Aussicht aufs Meer und Hong Kong Island. Das Hotel wurde erst 2017 eröffnet, deswegen ist es wirklich sehr modern eingerichtet. Das Frühstück sowie der Ausblick waren sehr gut. Wer also etwas mehr Geld ausgeben will, dafür aber auch mehr Komfort, eine großartige Aussicht und tolles Essen bekommt, der sollte definitiv dieses Hotel besuchen. Hier werden Sie wundervolle Tage mit Ihrem Partner Ihrer Familie verbringen.

Wer aber eher ein luxuriöses Hotel will, der sollte sich eher auf einen dieser Tipps verlassen: Eines der besten luxuriösen Hotels Hong Kongs wäre zum Beispiel „The Ritz-Carlton Hong Kong". Dieses befindet sich in West Kowloon und die Preise bewegen sich hier bei 300-400 Euro pro Nacht. Wie Sie sehen, ist es schon ein Luxus, sich dieses Hotel leisten zu können. Dafür wird einem aber auch sehr viel geboten. Beispielsweise verfügt das Hotel über eine Sauna, ein Fitnesscenter sowie ein Spa- und Wellnesscenter, wofür Sie jedoch extra bezahlen müssen. Aber auch Massagen oder ein Whirlpool und Innenpool sind in diesem Hotel vorhanden. Sie haben auch die Möglichkeit vor Ort zu parken und dürfen eine 24 stündige Rezeption genießen. Das Hotel befindet sich auf der 102. bis 118. Etage, woraus Sie schließen können, dass Sie in jedem einzelnen Raum, inbegriffen alle Zimmer sowie der Raum des Pools, eine tolle Aussicht auf Hong Kongs Skyline haben.

Mit seiner Höhe ist dieses Hotel sogar das am höchsten gelegene Hotel der Welt. Aber auch die Zimmer haben eine Größe, die für Hong Konger Verhältnisse nicht normal ist. Wer ein großes Zimmer mit viel Platz möchte, wird hier definitiv glücklich werden und das Zimmer verfügt über weitere Vorzüge. Darunter wären beispielsweise, dass die Klimaanlage kaum zu hören ist und dass sich die Vorhänge automatisch öffnen können.

Ein weiteres Hotel in diesem Segment ist das „The Peninsula". Dieses ist im Gegensatz zum anderen Hotel vom Stil her ein eher älteres Hotel und basiert sehr auf Historie. Das kann man beispielsweise an der Einrichtung sehen. Jedoch wird hier der Luxus auch nicht vernachlässigt. Sie verfügen nämlich in jedem Zimmer über einen Flachbildfernseher, Minibar sowie einer Klimaanlage. Außerdem können Sie sich jederzeit mit dem dort vorhandenen

Internet verbinden. Außerdem gibt es auch einen Pool und es wird einem Frühstück angeboten. Wer also auf eine historische und eher altmodische Einrichtung steht, der sollte sich für dieses Hotel entscheiden. Aber auch für Leute, die Sehenswürdigkeiten besuchen wollen, sind in der Nähe die Tsim Sha Tsui Promenade, das Central sowie viele weitere Sehenswürdigkeiten.

Kommen wir nun zu meinen drei besten Restaurants in Hong Kong. Auf Platz 3 liegt das Scarlett Café & Wine Bar. Dieses ist jeden Tag von 15:00 Uhr bis 0:00 Uhr geöffnet, außer am Samstag und Sonntag, da öffnet es schon um 11:00 Uhr morgens. Meiner Meinung nach war das Essen wirklich sehr lecker und kam nicht zu spät und auch nicht zu früh. Vor dem Essen bekommt man meist Brot mit Butter und die Preise sind für Hong Konger Verhältnisse doch relativ normal. Die Speisekarte verfügt eigentlich über alles, was man sich vorstellen kann.

Die Auswahl an Wein ist auch sehr groß und da werden Sie wohl keine Probleme haben, den perfekten Wein für sich zu finden. Aber auch das Personal ist wirklich sehr nett und kompetent und das Ambiente in diesem Restaurant ist nicht so wie in jedem anderen Restaurant in Hong Kong. Auf meinem 2. Platz liegt das „The Lounge & Bar". Das im West Kowloon liegende Restaurant verfügt über Frühstücksgerichte, Mittagsgerichte, Abendgerichte und viele verschiedene Getränke.

Aber auch Veganer und Vegetarier werden hier etwas finden, da dieses Restaurant über eine Vielzahl von Speisen verfügt, die vegan oder vegetarisch sind. In der Einrichtung wird sehr viel mit Spiegeln und Lichtern gearbeitet, wodurch dies ziemlich modern aussieht. Die Stühle sind mit Polstern unterlegt, die Tische sind meist aus Glas und die ganze Einrichtung hat eine etwas bräunliche und beige Farbe. Auf Platz 1 liegt bei mir meiner Meinung nach das „Akita Hamayaki". Dieses Restaurant ist eher etwas für Leute, die Meeresfrüchte über alles lieben, denn darauf spezialisiert sich dieses Restaurant.

Die Qualität und Frische der Meeresfrüchte sind hier unglaublich und der Service immer aufmerksam und freundlich. Im Grunde genommen bekommen Sie hier alles, was es in der japanischen Küche gibt. Ja, es ist ein japanisches Restaurant in China. Jedoch sind die Besitzer des Restaurants Chinesen. Jeder, der ein Meeresfrüchteliebhaber ist, sollte dringend bei einem Besuch in Hong Kong in dieses Restaurant einen Blick werfen. Qualitativ ist es wirklich nicht zu übertreffen. Zumindest das, was Meeresfrüchte angeht. Ein kleiner Tipp noch von mir: Wenn Sie bereits bei der Rechnung über 350 USD sind, können Sie, wenn sie wollen, eine rote Garnele nehmen und dafür dem Restaurant ein Like auf Facebook geben. Je nachdem wie viele Garnelen man kostenlos nimmt, muss man das Restaurant teilen und ebenso oft liken. Viel Spaß beim Essen.

Tipps für den perfekten Aufenthalt

In diesem Kapitel werde ich versuchen, Ihnen mit Hilfe einiger nützlicher Tipps die Einreise und das Leben in Hong Kong leichter zu machen. Ebenso bekommen Sie Einblicke, wie die Hong Konger leben und worauf Sie besonders achten müssen. Zuallererst sei gesagt, dass die Einreise in Hong Kong sehr unkompliziert ist, da Hong Kong eine Sonderverwaltungszone ist (SAR=Special

Administrative Region). Die Einreise als Urlauber verläuft ziemlich einfach. Sie benötigen nicht mal ein Visum, sondern nur einen gültigen Reisepass. Damit bekommen Sie eine Aufenthaltsgenehmigung von 90 Tagen, aber seien Sie vorsichtig, diese Regel betrifft nur die Sonderverwaltungszone. Wer über die New Territories, also Richtung China Mainland zum Beispiel nach Shenzen möchte, der braucht eine Einreisegenehmigung, um in das Gebiet zu gelangen.

Auch wer in Hong Kong dauerhaft arbeiten möchte, braucht ein Arbeitsvisum, welches noch im Heimatland beantragt werden muss. Ebenso sollten Sie darauf achten, dass der Reisepass noch 3 Monate vor Abreise gültig sein muss. Auch wenn Sie einen Personalausweis haben, reicht dieser nicht aus. Sie brauchen einen Reisepass sowie auch Ihre Kinder, wenn Sie denn welche haben.

Ein kleiner Tipp von mir wäre, dass Sie ungefähr 6 Wochen, bevor die Reise losgeht, einen Reisepass beantragen, falls Ihrer nur noch eine Gültigkeit von weniger als 3 Monaten hat. Außerdem sollten Sie auch darauf achten, dass das Gültigkeitsdatum korrekt ist. Bei den Zollbestimmungen sind aber auch bestimmte Regeln zu beachten. Man sollte nicht mehr als 1 Liter Alkohol sowie 19 Zigaretten oder 1 Zigarre einführen. Auch für diejenigen, die gerne shoppen gehen, gibt es bestimmte Regeln. Kostenlos dürfen nur Waren in Höhe von 430 Euro eingeführt werden. Man kann aber auch alle Bestimmungen auf der Webseite des Zolls nachlesen.

Kommen wir nun zur Gesundheit und welche Impfungen Sie in Hong Kong haben sollten. Zuallererst wird empfohlen, dass Sie alle standardmäßigen Impfungen haben. Das wären Diphtherie, Tetanus, Polio, Masern, Mumps und Röteln. Falls Sie diese Impfungen nicht zahlen können oder wollen, empfiehlt es sich, die Krankenkasse nach einer Übernahme zu fragen. Krankenkassen übernehmen meist alle Kosten, die bei Impfungen anfallen. Auch sollten Sie erfahrungsgemäß eine Auslandskrankenversicherung abschließen, damit Sie sich sicher sein können, dass Sie im Ausland auch behandelt werden.

Zum Thema Strafrecht sollten Urlauber in Hong Kong sehr aufpassen. Was Ihnen wohl bekannt sein wird ist, dass Waffen- sowie Drogenbesitz verboten sind. Im Gesetz gibt es jedoch auch Kleinigkeiten, die sehr wichtig für Sie sind. Zum Beispiel das Wegwerfen von Abfall und Zigarettenstummeln ist hier streng verboten und kann eine Geldstrafe nach sich ziehen. Dann gibt es noch klassische Gesetze wie die Anschnallpflicht und dass das Baden oben ohne oder gar nackt verboten ist.

Kommen wir nun zum öffentlichen Nahverkehr. Dieser besteht aus der MTR, Bussen, Trams, Minibussen und Taxen. Es gibt aber auch Fähren, die für den Personenverkehr genutzt werden. Dazu gehören die Star Ferries und die Speed Ferries. Diese verbinden die Central und Discovery Bay. Das ganze Netz aus öffentlichen Verkehrsmitteln wird eigentlich ganz unkompliziert gehalten. Mit der Octopus Card können Sie mit allen Verkehrsmitteln fahren, wenn Sie sie besitzen. Die U-Bahn (MTR) besteht aus 7 Linien und je 51 Stationen. Die wichtigsten Linien sind East Rail Line von Kowloon in die New Territories, Kwun Tong Line, Tseun Wan Line, Island Line, Tung Chung Line und der Airport Express.

Sie fahren von 6:00 Uhr morgens bis 1:00 und die Wartezeiten zwischen den einzelnen Bahnen liegt bei rund 4 Minuten und 2 Minuten während den Stoßzeiten. Sie können den Fahrplan aber auch herunterladen (MTR Map) und mit Hilfe der dazugehörigen App eine Reise planen. Auch die Busse sind sehr unkompliziert und einfach. Hier können Sie ebenfalls mit der Octopus Card oder mit Kleingeld bezahlen. Wer jedoch mit Scheinen bezahlen möchte oder nur Scheine dabeihat, wird dann höchstwahrscheinlich nicht mit dem Bus mitfahren können.

In Hong Kong gibt es 3 Buslinien. Zum einen Kowloon Motor Bus (KMB). Diese befährt ganz Kowloon und dazu noch Hong Kong Island. Citybus, welcher fast alle Strecken in Hong Kong befährt, und New Lantau Bus Co. Dieser fährt nur in Lantau. Der Preis für eine Busfahrt liegt hier bei etwa 5 HK-Dollar bis 120 HK-Dollar. Es gibt ungefähr 16 Plätze in den Minibussen. Diese werden durch zwei Farben unterschieden - rot und grün. Die roten Minibusse fahren festgelegte Routen und die grünen Minibusse halten so gut wie an jeder Stelle, wo Sie es gerne wünschen, solange dort kein Halteverbot herrscht. Das erfordert jedoch, dass Sie ein wenig kantonesisch sprechen, um mit dem Fahrer zu kommunizieren, da nicht jeder Fahrer englisch spricht. Außerdem hängt in jedem Bus ein sichtbares Temposchild, damit die Fahrer ordentlich und diszipliniert fahren.

Wer jedoch nicht mit öffentlichen Verkehrsmitteln fahren möchte, kann sich jederzeit ein Taxi bestellen. Dieses wird in 3 Farben unterschieden. Rote Taxis, die Hong Kong Island und Kowloon befahren. Grüne Taxis, die sich eher auf die New Territories spezialisieren und Ablauf- Taxis, die nur auf Lantau Island fahren. Die Fahrpreise für die Taxis sind im Verhältnis zu den deutschen Taxis recht günstig, aber man hört, dass es oft Probleme mit den Taxifahrern gibt. Meiner Erfahrung nach gab es diese jedoch nicht. Bei mir lief immer alles gut.

Alles in allem würde ich Ihnen jetzt noch sagen, wie viel Geld Sie für einen Tag in Hong Kong einplanen müssen. So ganz genau kann man das nie sagen, aber was ich auf jeden Fall sagen kann ist, dass China und besonders Hong Kong sehr teuer geworden ist. Deswegen würde ich grob schätzen, dass Sie pro Tag ungefähr 200 Euro mitnehmen sollten, um gut in der Stadt klarzukommen.

Kommen wir nun dazu, wie die Menschen in Hong Kong leben. Die traurige Wahrheit ist, dass rund 200.000 Menschen in Wohnungen von 1,4 bis 9,3 Quadratmetern leben. Davon sind 40.000 Kinder. Dies ist dann meist so eine Art Käfig, in denen die Menschen leben müssen, da sie sich nicht mehr leisten können, denn Hong Kong ist eines der teuersten

Regionen, wenn es um Wohnraum geht. Den Menschen bleibt nichts anderes übrig, nachdem sie aus ihrer Wohnung verdrängt worden sind, da die Mietpreise zu hoch geworden sind, als in solchen Käfigen zu leben. Es ist sehr offensichtlich, dass in Hong Kong eine große Wohnungsnot herrscht und die rund 200.000 Menschen dort so leben müssen. Studien zeigen allerdings auch, dass Hong Kong die Stadt ist, die die meisten superreichen Menschen hat. Hier leben 10.000 Menschen mit einem Vermögen von über 30 Millionen.

Zusammenfassend kann man sagen, dass Hong Kong ein tolles Reiseziel für Urlauber ist, die gerne Sehenswürdigkeiten betrachten oder gerne große Städte besuchen. Sollten Sie sich also dazu entscheiden, Hong Kong zu besuchen, wünsche ich Ihnen viel Erfolg auf dem Weg und vor allem hoffe ich, dass meine Erfahrung, die ich mit Ihnen geteilt habe, Ihnen ein bisschen weitergeholfen hat.

Packliste

Geld & Finanzen

O (evtl.) Auslandswährung
O Bargeld
O Bauchtasche
O Brustbeutel
O Bauchtasche
O EC-Karte
O Kreditkarte
O Notfall-Telefonnummern der Banken
O Portmonee

Hygiene

O Haarbürste / Kamm
O Deo (klein)
O Shampoo
O Kulturtasche
O Sonnencreme
O Taschentücher

O Reise-Zahnbürste und Zahnpasta
O Verhütungsmittel

Kleidung

O Badeklamotten
O Gürtel
O Hosen kurz / lang
O Mütze / Cap / Hut
O Pullover
O Regenjacke
O Schlafanzug
O Socken
O Sonnenbrille
O Sportklamotten / Jogginghose
O T-Shirts
O Unterwäsche

Medikamente

O Blasenpflaster
O Anti-Durchfalltabletten
O Erste-Hilfe-Set

O Fiebertabletten
O Fiebertabletten
O Mückenschutz
O sonstige Medikamente
O Pflaster
O Kopfschmerztabletten

Unterlagen & Papiere

O ADAC Unterlagen
O Adresslisten für Postkarten
O Krankversicherungsnachweis
O Stadtplan
O Führerschein
O Unterlagen für die Unterkunft
O Wasserdichte Hülle für Reiseunterlagen
O Impfausweis
O Mietwagenunterlagen
O Personalausweis
O Reisepass
O Reisetagebuch
O evtl. Studentenausweis

O evtl. Visum
O Zug- / Bahn- / Flugticket

Taschen & Rucksäcke

O Koffer / Trolley / Reisetasche
O Regenhülle für Rucksack
O Rucksack

Schuhe

O Badeschlappen / Hausschuhe
O Schuhe und Wechselschuhe

Sonstiges

O Brille / Kontaktlinsen und Etui
O Buch zum Lesen
O Ohrenstöpsel und Schlafmaske
O Regenschirm
O Reisedecke
O Wasserflasche
O Wörterbuch

Elektronik

O Digitalkamera
O Handy
O Ladekabel
O Kopfhörer
O evtl. Steckdosenadapter
O Power-Bank

Herstellung und Verlag:
BoD – Books on Demand, Norderstedt
ISBN: 9783750486881

© Jessica Tschirner 2020
1. Auflage
Kontakt: Psiana eCom UG/ Berumer Str. 44/ 26844 Jemgum
Covergestaltung: Fenna Larsson
Coverfoto: depositphotos.com